Cómo descubrió el hombre
a qué se
parece
el Universo

Agradecemos a
Jean-Pierre Luminet
Astrofísico en el Observatorio de París-Meudon
Director de investigaciones en el CNRS

CÓMO DESCUBRIÓ EL HOMBRE A QUÉ SE PARECE EL UNIVERSO

Título original: COMMENT L'HOMME A COMPRIS À QUOI RESEMBLE L'UNIVERS

Tradujo Glenn Gallardo de la edición original en francés
de Éditions Gallimard Jeunesse, París.

Publicado según acuerdo con Éditions Gallimard Jeunesse, París.

D.R. ©, 2007 Editorial Océano S.L.
    Milanesat 21-23, Edificio Océano, 08017 Barcelona, España. Tel. 93 280 20 20
    www.oceano.com

D.R. ©, 2007 Editorial Océano de México, S.A. de C.V.
    Blvd. Manuel Ávila Camacho 76, 10° piso. Col. Lomas de Chapultepec,
    Del. Miguel Hidalgo, Código Postal 11000, México, D.F. Tel. (55) 9178 5100
    www.oceano.com.mx

PRIMERA EDICIÓN

ISBN: 978-84-494-3698-7 (Océano España)
ISBN: 978-970-777-404-9 (Océano México)
DL: B-50305-L

Este libro fue publicado con el apoyo de la Embajada de Francia
en México, en el marco del Programa de Apoyo a la Publicación
"Alfonso Reyes" del Ministerio francés de Relaciones Exteriores.

9002295010308

Cómo descubrió el hombre
a qué se
parece
el Universo

Juliette Nouel-Rénier

Consejero científico: Jean-Pierre Luminet
Astrofísico en el Observatorio de París-Meudon
Director de investigaciones en el CNRS

Ilustraciones: Catherine Meurisse

OCEANO Travesía

El universo de las hipótesis

Hagan su elección

¿A qué se parece el Universo? A lo largo del tiempo, esta pregunta ha dado lugar a las más diversas y contradictorias respuestas. El Universo fue redondo, luego plano, cortado en dos, luego vuelto a pegar. Tuvo un centro, luego varios, y al final ninguno; fue infinito, finito, infinito de nuevo...

Hay que reconocer que el Universo es un objeto extraño para la ciencia. Los **cosmólogos**, que son los científicos que lo estudian, no lo tienen al alcance de la mano para hacer experimentos con él o para observarlo por todas partes; de hecho, jamás lo pueden ver por completo. Hablar del Universo como un todo requiere formular hipótesis forzosamente.

En todo caso, los cosmólogos disponen de ciertas observaciones para fundar sus teorías. Desde el siglo XX, los **astrónomos**, que después fueron relevados por los **astrofísicos**, les habían proporcionado alguna información. Finalmente, radiotelescopios y satélites entregaron los primeros datos respecto a la estructura del Universo, determinando temperaturas y calculando magnitudes.

Los cosmólogos estudian el Universo en su totalidad, es decir, la estructura y su evolución; los astrónomos estudian el movimiento y la luminosidad de los astros;* los astrofísicos estudian igualmente a los astros, pero se interesan en su composición química, en su temperatura y en su densidad.

Un retrato en oscuridad total

La imposibilidad de observar en su totalidad su objeto de estudio no ha sido el único obstáculo para los cosmólogos. En un terreno muy distinto, han tenido una curiosa competencia: las religiones. Todas las religiones han tenido algo que decir a propósito del origen, el fin o la forma del Universo. Para los científicos, ha sido siempre un reto aventurarse en ese campo minado de religiosidad, en ocasiones con consecuencias no muy buenas.

Al final, los cálculos y las observaciones han terminado por imponerse a las creencias y a las opiniones. Sin embargo, si la ciencia acabó por sacar a los dioses del Universo, **no ha logrado descifrar su misterio**. Al contrario: cuanto más se sabe, más queda por saber. Y cuando los cosmólogos creen poseer al fin un retrato más o menos satisfactorio del Universo, llega un nuevo dato que pone todo en entredicho otra vez...

¿A qué se parece el Universo? Digamos que aún no tenemos una respuesta definitiva a este respecto. Y si un día nos cae del cielo, ¡nos la habremos merecido!

> Y todo misterio provoca siempre un poco de miedo... Hoy en día, los adjetivos empleados para calificar lo que se nos escapa lo mencionan con toda claridad: existe la materia "negra", los hoyos "negros" y una energía de la que sólo se sabe que es "oscura".

El signo ★ remite al Léxico situado al final del libro.

Los cielos llenos de dioses

De la tierra hacia el cielo

Hace aproximadamente 10 000 años los seres humanos inventaron la agricultura. Extraño inicio para un libro sobre el Universo... No obstante, desde que los hombres y mujeres se inclinaron hacia la tierra también empezaron a levantar la cabeza hacia el cielo. Sin calendario ¿cómo saber en qué momento se debe empezar la labranza, sembrar las semillas, recoger la cosecha? La respuesta está en el cielo. Algunas estrellas* aparecen y desaparecen en periodos del año muy precisos (incluso si el "año" no estaba determinado aún), el Sol en el levante cambia de posición con respecto a las demás estrellas. Poco a poco, los primeros agricultores establecieron el paralelo entre el curso de los astros y lo que sucede en la Tierra. Durante todo ese ciclo celeste, las plantas echan botones, dan frutos, comienzan a marchitarse y por último perecen.

Mucho más tarde, en el siglo VIII a.C., el griego Hesíodo recomienda empezar a cosechar en el momento de la aparición de la constelación de las Pléyades y la labranza durante su ocaso, o podar las viñas cuando aparece la estrella Arturo.

Sólo al cabo de miles de años se estableció la relación entre la posición de las estrellas y la sucesión de las estaciones. No sabemos la fecha exacta, pues no queda ningún registro escrito. Cuando se inventó la escritura, hacia el año 3400 a.C., **los egipcios ya habían perfeccionado su primer calendario**. Descubrieron por ejemplo que la estrella Sirio aparece al mismo tiempo que la crecida anual del Nilo y dividieron el año en tres estaciones: la de las inundaciones, la de las siembras y la de las cosechas.

El cielo se puebla de dioses

La posición de los astros regula el proceso de la agricultura. Si se respeta el calendario inscrito en la bóveda celeste, las cosechas serán buenas, salvo si llueve demasiado o, por el contrario, si la sequía lo quema todo. Pero lluvia y sol llegan también "desde arriba". Todo lo que procedía de arriba adquirió una importancia nueva para los humanos, que no tenía cuando vivían únicamente de la caza y la recolección.

Los agricultores comenzaron a agradecer al cielo cuando todo les era favorable, le ofrecían sacrificios cuando no era clemente y también para atraer su bene-volencia; empezaron a otorgar una identidad a la bóve-da celeste y a los astros. Muy pronto, divinizaron al cielo y a sus "habitantes". Por esta razón, al inicio de casi todas las mitologías y las religiones, los primeros dioses habitaban el fir-mamento, y los reyes de los dioses eran también los reyes de los cielos.

Sacerdotes y astrónomos al mismo tiempo

Interesarse en los astros en esa época era interesarse en los dioses, y los primeros astrónomos fueron también sacerdotes. En la región de la Fértil Media Luna también llamada Mesopotamia, lugar en que nació la agricultura, fue donde el cielo comienza a ser estudiado, alrededor del año 4 000 a.C. Los más sabios eran los sacerdotes de la ciudad de **Babilonia**. Al servicio del rey, fijaban tanto el calendario agrícola como las fechas de las celebraciones religiosas.

Babilonia se encontraba en Mesopotamia, entre los ríos Tigris y Éufrates, y representó a una de las más brillantes civilizaciones de la Antigüedad durante unos doce siglos. Actualmente es un conjunto de ruinas situado al sur de Bagdad, en el actual Irak.

Muy pronto se atribuyó a los "dioses astros" otro poder: el de gobernar los destinos individuales. Su posición y su movimiento en el cielo tendrían una influencia directa en la vida de los hombres. La carta celeste se convirtió en un cuadro pletórico de mensajes que debían ser interpretados antes de emprender una acción. Se trata del nacimiento de la astrología, de nuevo en Babilonia.

Pero, ¿quién creó ese cielo poblado de dioses? Casi todos los relatos mitológicos ofrecen la misma respuesta: los dioses, o un dios. El cielo y la Tierra son obra de los dioses. Ellos crearon y dieron forma y dimensión al Universo. Aún más allá: su cuerpo es la materia misma del Universo (ver ilustración).

Esta creación del Universo por mediación de los dioses apareció en todas las civilizaciones antiguas, desde Sudamérica hasta China, pasando por la India.

El Universo en forma de dioses

Amón Ra se creó a sí mismo. Rey de los dioses, es también el dios del Sol en la mitología egipcia de 2700 a 2200 a.C. Amón engendró a la primera pareja de dioses escupiendo, estos a su vez dieron a luz a Nout y Geb. Nout es la diosa del Cielo y su cuerpo formaba la bóveda celeste. Geb es el dios de la Tierra y su cuerpo formaba el zócalo terrestre. Los egipcios representaban a Nout encorvada como un inmenso arco estrellado por encima de Geb. En Babilonia, aproximadamente mil años más tarde, no hubo escupitajo en el comienzo de la historia, sino un dragón. El dios Mardouk creó el Universo cuando mató al dragón hembra Tiamat. Después, Mardouk cortó al monstruo en dos y fabricó el Universo a partir de los dos pedazos obtenidos. La parte superior del cuerpo sirvió para formar el cielo, que en lo sucesivo retuvo las aguas superiores, y la parte inferior formó la Tierra, que Mardouk colocó por encima de las aguas dulces subterráneas. Mediante la utilización del cuerpo de Tiamat, Mardouk separó las aguas superiores de las aguas inferiores.

Este relato se asemeja al principio mismo de la Biblia, en el que se puede leer: "Y Dios creó el firmamento, y separó las aguas por debajo del firmamento de las aguas por encima del firmamento." Los hebreos, que recopilaron los textos fundadores de la Biblia durante su exilio en Babilonia en el siglo VI a.C., probablemente se inspiraron en la mitología babilónica.

Nout, diosa del Cielo, está curvada por encima de Geb, dios de la Tierra, y sostenida por Chou, dios del aire.

Los dioses abandonan el Universo

El milagro griego

¿Cómo salir de ese mundo creado, constituido y gobernado por los dioses? Los griegos encontraron el camino en el siglo VI a.C. Fueron el punto de partida de una ruptura tan fuerte que se le llamó el "milagro griego". Ese milagro se encierra en unas cuantas palabras: **prescindir de los dioses en la explicación del mundo**.

No es una casualidad que esto haya ocurrido en Grecia. En el siglo VI, los griegos no se encontraban bajo la autoridad de un rey todopoderoso y casi divino, como ocurría en Egipto. Al contrario, Grecia estaba compuesta por ciudades independientes en las que el pueblo tenía el derecho a la palabra. La democracia (término de origen griego que significa "gobierno del pueblo") nació por ese entonces en esa región.

En cuanto a los dioses griegos, se asemejaban mucho a los humanos, empezando por Zeus, rey de las demás deidades y señor del Cielo. Caprichosos y coléricos, no eran especialmente temidos.

Así, los griegos gozaban de una gran libertad de espíritu, ella habría de permitirles concebir el mundo de otra manera. Estaban preparados para alcanzar la sabiduría, como lo indicó la nueva disciplina que fundaron: la filosofía, es decir, el amor al conocimiento.

> El quehacer científico nació efectivamente en Grecia, pero no sin algunos obstáculos... Un siglo más tarde, el tribunal de la ciudad de Atenas votó una ley para hacer comparecer "a toda persona que no crea en los dioses o imparta alguna enseñanza relativa a las cosas del cielo".

El Universo es un océano infinito

No apelar más a los dioses fue una ruptura capital en la historia de la astronomía y de la cosmología. A partir de entonces, estas dos disciplinas pudieron desarrollarse sin buscar causas sobrenaturales a los fenómenos naturales. Desde ese momento ambas seguirían en el camino de la ciencia.

Es cierto que las explicaciones que proponían los primeros cosmólogos en la actualidad nos parecen un tanto sorprendentes. Para Tales, autor de un famoso teorema de geometría, el Universo era un océano infinito: nuestra Tierra, que tenía la forma de un disco plano, permanecía en el fondo de una burbuja de aire flotando sobre este océano. Era una visión un tanto complicada pero tenía una gran ventaja: ya no había necesidad de la cólera de los dioses para explicar un terremoto, como sucedía en ese entonces. Si la Tierra temblaba, era simplemente porque flotar es inestable: el fenómeno era completamente natural.

Todas las religiones tienen actualmente la certeza de que su Dios creó el Universo, pero se trata de una creencia y no de un hecho científico demostrable. En el siglo VI anterior a nuestra era la ciencia empieza a separarse de la religión.

¡Anaximandro quita el agua!

Anaximandro, discípulo de Tales, dio un paso gigante: quitó el agua. La Tierra, que tenía la forma de una especie de tambor inmenso (nos acercamos a la esfera), ya no se hallaba colocada sobre nada. Por primera vez, nuestro planeta* fue concebido sin un soporte y perdido en el infinito. Fue una increíble audacia: en la Tierra, todo estaba colocado sobre algo, nada se mantenía flotando "en el aire".

Con Anaximandro, los astros ya no tienen necesidad de seguir la corriente del río Océano para volver a su punto de partida una vez llegados al extremo último del horizonte, como se pensaba Anaximando explicó el origen del Universo a partir de una sustancia al mismo tiempo ilimitada, eterna y sin forma, y con ello se deshizo de todos los relatos mitológicos. Para él, alrededor de la Tierra se formó una esfera de fuego que engendró astros y planetas. Fue la primera explicación del origen del Universo que eliminó la presencia y la ayuda de los dioses.

El Universo se convierte en el cosmos

Más o menos por la misma época vivió Pitágoras. Su nombre está asociado a un famoso teorema matemático. Sin embargo, pocos saben que sus ideas sobre el Universo determinaron la ciencia occidental, e incluso al mismo Einstein.

Pitágoras fue el primero en darle el nombre de "cosmos" al Universo. En griego, "cosmos" significa "buen aspecto", "adorno". Eso es exactamente lo que deseaba Pitágoras: un universo bello, perfecto, armonioso, a imagen de un Ser perfecto.

Para dar cuenta de esta armonía, Pitágoras veía figuras geométricas en todas partes. Y entre todas esas figuras, su preferida era el círculo, la única perfecta, debido a que no tiene principio ni fin y a que todos sus puntos están a idéntica distancia del centro. Decidió entonces que el Universo tenía la forma de un círculo, o, dicho de otro modo, de una esfera. Por la misma razón, Pitágoras fue el primero en declarar que la Tierra es redonda...

Más tarde, guiados por su aspiración a lo bello y a lo armonioso, Pitágoras y sus discípulos declararon que el **Universo es finito** y eterno, pues su perfección no sería tal de no haber existido siempre.

Para los griegos, el infinito es sinónimo de caos y de desorden. Precisamente, la gran doctrina rival de Pitágoras, la de los atomistas, preconiza un Universo infinito, que habría surgido del desorden. Los atomistas, cuyo nombre se origina del término "átomo", piensan además que el Universo habría podido ser diferente de lo que es.

El Universo dividido en dos

Pero Pitágoras tuvo que enfrentarse a un problema: aun cuando la Tierra poseyera una forma perfecta, lo que sucedía en su superficie no era en absoluto perfecto. Los seres vivos envejecían y morían, el hierro se oxidaba, las flores se marchitaban... Era el reino de la destrucción.

Pitágoras concibió una solución radical: dividió el Universo en dos. Para él, existía el mundo bajo la Luna (destinado a la destrucción) y el mundo sobre la Luna. Por encima de este astro todo era bello y eterno. Las estrellas no morían, ni siquiera se movían: se encontraban fijas sobre una esfera que giraba alrededor de sí misma. Esta división del mundo fue determinante en la historia de la cosmología.

Platón y Aristóteles le dieron el toque final al cuadro. Fijaron la Tierra en medio de este Universo redondo. Fue el inicio del geocentrismo.* Declararon que los astros se desplazan siempre a la misma velocidad según trayectorias perfectamente circulares. Así, por una cuestión de armonía, todo obedecía a la ley del círculo: tanto las formas como los movimientos.

El retrato del Universo estaba terminado y todas las observaciones deberían entrar **dentro de ese marco** de ahí en adelante. Aún cuando Pitágoras y su escuela fueron el germen de esta visión, es el nombre de Aristótoteles el que permanecerá en la memoria.

Dos siglos más tarde, Hiparco se enfrenta a las primeras dificultades. Por eso inventa un ardid, el epiciclo, del que se habrá de seguir hablando. Observador genial, Hiparco realiza el primer catálogo de estrellas (ochocientos cincuenta astros) e inventa el astrolabio, un aparato que mide la altura de un astro por encima del horizonte.

Un universo de curvas

Según los griegos de la Antigüedad, el Universo es un ensamblaje de esferas centradas alrededor de la Tierra.

El Universo es un ensamblaje de esferas. En la parte superior: la esfera de las estrellas fijas, a la que están unidas todas las estrellas lejanas. Más allá no hay nada, ni espacio ni vacío. De esa manera, el cosmos no está en "ninguna parte". La esfera de las estrellas fijas contiene una esfera por cada uno de los cinco planetas del sistema solar conocidos entonces, así como una para la Luna y otra para el Sol. El movimiento de toda esta mecánica está garantizado por lo que Aristóteles llamó el "Primer Motor", de naturaleza probablemente divina. ¿Nadie propuso otra cosa durante la Antigüedad? Sí, el griego Aristarco, en el siglo III a.C. Fue el primero en entender y en proclamar que la Tierra gira sobre sí misma y alrededor del Sol. Pero la fama de Aristóteles era tanta que esta teoría no tuvo ningún éxito.

Salvar al Universo griego

¡Conservar la herencia a toda costa!

Un Universo redondo, finito, eterno y dividido en dos, con una Tierra inmóvil en medio, y para completar, unos astros que giran a una velocidad constante según un movimiento perfectamente circular: tal es la herencia de los griegos.

Redondo y perfecto... lo cierto es que los astrónomos no lo tenían fácil. ¿Cómo hacerlas corresponder con su modelo si las observaciones respecto a la posición y a los movimientos de los astros eran cada vez más precisas?

Ptolomeo es, por su parte, también un gran observador del cielo (añade aproximadamente trescientos astros al catálogo de Hiparco): así, se encuentra en un sitio privilegiado para comprobar los defectos del modelo aristotélico.

Los griegos se hallaban tan lejos de la realidad que la única solución habría sido tirar su hermoso Universo a la basura para "construir" otro más acorde con las observaciones científicas. Sin embargo, no es eso lo que sucedió. En el siglo II d.C., **el griego Ptolomeo** logró una hazaña: preservó la herencia de sus maestros, pero haciendo un poco de trampa...

Su principal problema: en ocasiones los planetas daban la impresión de retroceder en su trayectoria. Desde luego, no era más que una impresión, debida al hecho de que nuestro centro de observación, o sea la Tierra, gira sobre sí misma. Pero la dificultad era que para Ptolomeo la Tierra estaba inmóvil. Era preciso encontrar otra solución.

Las astucias de Ptolomeo

Ptolomeo hizo uso de la astucia hallada por Hiparco tres siglos atrás: el epiciclo. Si se adhería un planeta a un epiciclo, entonces era posible explicar ese retroceso. Se trataba de una mistificación, ¡pero funcionaba!

Ptolomeo comprobó igualmente que los planetas no siempre giran a la misma velocidad. Entonces hizo trampa nuevamente e inventó el punto ecuante. "Si pudiera observarse a los planetas a partir de este punto ligeramente desfasado con respecto al centro del Universo –nos explica–, se tendría la impresión de que su velocidad es siempre la misma." Mientras tanto, Ptolomeo se encontró con tres centros del Universo: el punto ecuante, el verdadero centro del Universo y la Tierra, a la que Ptolomeo desplazó igualmente hacia el otro lado.

El milagroso resultado de todas estas manipulaciones y trampas es que Ptolomeo realizó pronósticos muy precisos en relación con el movimiento de los astros y especialmente respecto a los eclipses de Sol y de Luna.

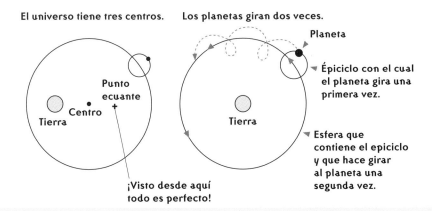

El universo tiene tres centros.

Punto ecuante

Centro

Tierra

¡Visto desde aquí todo es perfecto!

Los planetas giran dos veces.

Planeta

Épiciclo con el cual el planeta gira una primera vez.

Tierra

Esfera que contiene el epiciclo y que hace girar al planeta una segunda vez.

Los griegos caen en el olvido

A fuerza de maniobras y artimañas geométricas, Ptolomeo logró insertar observaciones verdaderas en un marco falso. Partió de un mundo al revés y logró hacer creer que se encontraba al derecho. Gracias a su genio, los grandes principios del Universo imaginado por Pitágoras lograron mantenerse durante milenios.

Pero el sistema de los griegos desapareció de Europa durante casi mil años. A finales del siglo IV, el cristianismo se convirtió en la religión oficial del Imperio Romano.

Los padres de la Iglesia tenían buenas razones para conseguir que la herencia griega fuera olvidada. La principal: el Universo de los griegos no podía haber sido creado, ya que era eterno. Por esta razón se encontraba en franca contradicción con la Biblia, ya que en la Biblia Dios es **el creador de todo lo que existe**.

"En el principio, Dios creó el cielo y la Tierra" son las primeras palabras del Génesis, que es el primer libro de la Biblia.

Más tarde, la Iglesia condenó de manera general cualquier iniciativa científica, por miedo a que los sabios descubrieran cosas contrarias a las Santas Escrituras. Desde el siglo IV, san Agustín hablaba de la "enfermedad de la curiosidad" que nos induce a tratar de comprender los misterios impenetrables de Dios.

La ciencia europea fue silenciada durante cerca de diez siglos.

El Universo es una gran tienda de campaña

En el año 536, Cosmas Indicopleustes, navegante griego convertido en monje, describió el Universo siguiendo al pie de la letra el relato bíblico. El Universo adoptó entonces la forma de una gran carpa o tienda de campaña, cuya base era la Tierra y el techo el cielo. Nuestro planeta estaba rodeado de agua y de altos muros que servían de apoyo al firmamento. ¡La gran montaña que se encontraba en medio servía al Sol y a la Luna de escondrijo una vez al día! En el origen, los hebreos conservaban en esta tienda de campaña las tablas de la ley que Dios dictó a Moisés. También era llamada el tabernáculo.

En su libro Topografía cristiana, *Cosmas refutó el Universo de los griegos y particularmente la redondez de la Tierra. ¿Cómo era posible imaginar que los hombres vivían con la cabeza para abajo o que el Diluvio se hubiera podido producir en un lugar donde la lluvia no podía caer? Esta visión casi cómica fue defendida por los Padres de la Iglesia hasta el fin del primer milenio, incluso si algunos, como el papa Silvestre II, rechazaban dicho modelo.*

El Universo dibujado por Cosmas Indicopleustes. Según él, la Tierra está encerrada bajo una gran carpa en forma de tabernáculo.

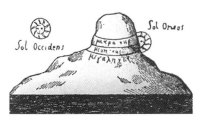

Los griegos regresan, ¡gracias a los árabes!

Europa permaneció aletargada, pero el conocimiento de los griegos no estuvo perdido para todos. Al finalizar el siglo VII, tras la muerte del profeta Mahoma, los árabes iniciaron sus conquistas. Gracias a ello descubrieron a los griegos, cuyos textos fueron conservados por el Imperio Romano de Oriente.

Por razones religiosas (calendario de las festividades, horas de las plegarias), así como para el establecimiento de los horóscopos, los árabes son grandes observadores del cielo. Enriquecen el catálogo de las estrellas y muchas de ellas llevan un nombre árabe.

Los astrónomos árabes tradujeron a Ptolomeo a partir del siglo IX y adoptaron su sistema, pero no por ello dejaron de criticarlo. En el siglo XI, Alhazen subrayó las incoherencias entre la observación del cielo y la maquinaria griega. En el siglo XII, Averroes refutó a Ptolomeo por una cuestión teórica. "Aristóteles –dijo– jamás habría admitido que la Tierra no estuviera exactamente en el centro del Universo." Al poner en evidencia lo absurdo del geocentrismo, estos sabios prepararon la consagración del Sol.

El Universo obtiene un nivel más

A partir del siglo XI, Europa empezó a despertar. La península Ibérica, que se encontraba bajo el dominio árabe, era un lugar de difusión de la cultura, y los europeos también entraron en contacto con la civilización árabe, sobre todo a raíz de las Cruzadas. Hacia el final del siglo XII Ptolomeo y Aristóteles finalmente fueron traducidos al latín.

Su introducción en Europa volvió a plantear el mismo problema surgido mil años atrás: ¿cómo conciliar el

eterno Universo griego con el Universo creado de la Biblia? Esta vez, los Padres de la Iglesia se mostraron más flexibles. "Lo que cuenta —decían— es la eternidad de Dios que, en cierto momento, decidió crear el mundo." Así pues, la eternidad se detuvo... para volver a empezar.

Del mismo modo, el Universo volvió a ser redondo, pero se le añadió un nivel: era necesario que Dios "viviera" en alguna parte. Finalmente, el Primer Motor aristotélico fue remplazado por los ángeles: en lo sucesivo serían ellos quienes harían girar las esferas del mundo.

Pese a todos esos ajustes, el Universo se parecía mucho al que los griegos habían concebido. De nuevo estaba dividido en dos: el mundo perfecto e incorruptible por encima de la Luna y el mundo condenado a la destrucción que estaba debajo de ella.

Poner las cosas en su lugar

Copérnico destrona a la Tierra

Principios del siglo XVI: el sistema de Ptolomeo seguía siendo el único modelo de Universo en el mercado. Como los astrónomos no dejaban de descubrir nuevas "anomalías" (¿cómo podría ser de otro modo?), añadieron epiciclos a los epiciclos para que los astros volvieran al camino correcto.

Copérnico (1473-1543) no es un observador del cielo. Su enfoque es puramente matemático y para encontrar su solución, lo que él considera "más agradable para el espíritu", sólo tiene necesidad de papel y lápiz.

El canónigo polaco **Nicolás Copérnico,** que hizo en Italia estudios de derecho y de medicina, no parecía destinado a una carrera de astrónomo. No obstante, fue él quien colocó la primera bomba explosiva en la esfera de la Antigüedad. Todo empezó por el hecho de que Copérnico no soportaba el famoso punto ecuante de Ptolomeo. Encontraba a este ecuante tan absurdo que buscó una solución para explicar los movimientos de los planetas sin tener que echar mano de él.

El resultado es conocido en el mundo entero como una de las más grandes revoluciones de la historia de las ciencias: Copérnico sacó a la Tierra del centro del Universo y puso al Sol en su lugar. Pasó del geocentrismo al heliocentrismo.* Además, afirmó que la Tierra gira sobre su propio eje en un día y alrededor del Sol en un año.

Una revolución sin revolucionario

¿Por qué el punto ecuante molestaba tanto a Copérnico? Porque era contrario al pensamiento de Aristóteles. Con el punto ecuante, el Universo tendría tres centros. No sería ni sencillo ni armonioso. Y no agradaba a Copérnico en absoluto, quien deseaba recuperar la belleza del Universo griego.

¡La famosa "revolución copernicana" se realizó sin ninguna intención revolucionaria! La prueba de su fidelidad a los griegos es que: Copérnico conservó un Universo esférico, finito y, sobre todo, un Universo en el que **el círculo dictaba siempre la ley.**

Copérnico publicó su libro *Sobre las revoluciones de los orbes celestes* en 1543, año de su muerte. El prefacio, escrito por un teólogo, se añadió en el último momento sin que Copérnico fuera advertido. El objetivo de este prefacio era presentar las ideas copernicanas como puras hipótesis matemáticas para no atraer la atención de la Iglesia. El objetivo fue alcanzado: de momento, la Iglesia no advirtió el peligro.

Sin embargo, la amenaza era grave. Quitar a la Tierra del centro del Universo era también una revolución religiosa: si el ser humano había dejado de estar en el centro del mundo, resultaba difícil aceptar que él era la meta última de la Creación Divina.

El modelo de Copérnico debería ser en principio mucho más sencillo que el de Ptolomeo. Pero como Copérnico no deja de creer que los planetas giran en redondo y sin variar nunca de velocidad, entonces se ve obligado a utilizar epiciclos para explicar las irregularidades reveladas por los observadores.

Tierra o Sol: ¡habrá que elegir!

En espera de que la Iglesia católica se percatara de la amplitud de la amenaza, el danés Tycho Brahe percibió el peligro latente en la teoría de Copérnico. Para librar el obstáculo, propuso un Universo contrahecho en el que no era capaz de elegir entre la Tierra o el Sol. Para él, todos los planetas giraban alrededor del Sol, excepto la Tierra, que estaba inmóvil en el centro del Universo.

Tycho Brahe (1546-1601) observó una supernova, es decir, una estrella que brilla intensamente antes de desaparecer. Los chinos se encuentran entre los pocos en haber visto una supernova anteriormente. Grandes observadores, describieron la primera de ellas en el siglo II.

Sin embargo, el mismo Brahe provocó de manera involuntaria la destrucción de este viejo modelo del Universo en 1572. Considerado como el más grande observador del cielo a simple vista, Brahe se dio cuenta de que **una estrella puede aparecer y luego desaparecer,** lo cual era inconcebible en el mundo eterno e inmutable de los griegos.

Cinco años más tarde Brahe emprendió un nuevo ataque involuntario: observó el trayecto de un cometa que, con justa razón, se imaginó a una gran distancia de la Tierra. ¿A causa de qué milagro pudo este cometa atravesar las esferas sobre las que supuestamente están fijos los planetas? Aristóteles había precisado que dichas esferas estaban hechas de una materia transparente, aunque bastante sólida.

Los planetas ya no giran en redondo

En el último año de su vida, Brahe, que para entonces se había convertido en el matemático de Rodolfo II, emperador del Santo Imperio, tenía como asistente al alemán Johannes Kepler. Los dos hombres no se entendían y el primero se reservaba celosamente la mayor parte de sus observaciones.

Sin embargo, al morir Brahe, Kepler logró recuperar las notas secretas de su maestro. Gracias a esos papeles, así como a su propio genio, logró destruir otro de los principios fundamentales de los griegos: el círculo.

En un libro que apareció en 1609, Kepler consiguió demostrar que las trayectorias que siguen los planetas al girar alrededor del Sol no son circulares, sino elípticas, es decir: círculos achatados. Se trataba de un verdadero sacrilegio y el propio Kepler no daba crédito a su audacia. Demostró también que el movimiento de los planetas no se realiza a una velocidad constante: cuando se aproximan al Sol, aceleran, y cuando se alejan desaceleran.

Con la desaparición del movimiento uniforme y circular, la armonía griega fue destrozada. Los epiciclos desaparecieron de la historia de la astronomía.

Golpe de gracia a la infinitud

Al finalizar el siglo XVI, el italiano Giordano Bruno afirmó que Dios creó el Universo infinito. Para la Iglesia católica se trataba de algo inadmisible: sólo Dios es infinito.

Gran admirador de Copérnico, Bruno extrajo ciertas conclusiones que el polaco no había formulado. Copérnico se había conformado con decir que el Universo era inmenso. ¡Bruno se arriesgó de verdad! En un santiamén quitó al Sol del centro del Universo. Es lógico: no podía haber un centro en el infinito. Finalmente, Bruno afirmó que existe una infinidad de mundos posibles.

Con Bruno, la Iglesia al fin se dio cuenta del peligro. Todo lo que proponía el italiano era contrario a sus principios. La existencia de otros mundos resultaba particularmente inaceptada, pues la encarnación de Jesús sólo podía haber tenido lugar una sola vez y en un solo lugar, y ese lugar era la Tierra.

Es la primera vez que la Iglesia católica suprime físicamente a un hombre por sus opiniones filosóficas y cosmológicas. En adelante, todos aquellos que tengan algo que decir a ese respecto se habrán de mostrar muy prudentes...

En 1592, Bruno cayó en manos de la Inquisición, un tribunal que juzgaba a todos aquellos que profesaban opiniones opuestas a los dogmas católicos. Ocho años más tarde, en 1600, **fue quemado vivo** por haberse negado a retirar una sola de sus afirmaciones. Esta obstinación conmocionó la historia de la cosmología. A partir de entonces, la idea de un Universo infinito dejó de ser un tabú.

¿Por qué la noche es negra?

Kepler no aceptó la idea de un Universo infinito. Quería demostrar lo absurdo de las tesis de Giordano Bruno y formuló entonces la "paradoja de la noche negra". La pregunta que planteó Kepler –¿Por qué la noche es negra?– parece un poco extraña en principio. Se entiende sin dificultad que cuando el Sol se ha puesto, la fuente de la luz sobre la Tierra desaparece y que las estrellas se encuentran demasiado lejos para iluminar nuestro planeta. Kepler no era un idiota y pensó en eso. Pero decía que si el Universo fuera infinito, forzosamente encerraría un número infinito de estrellas. Y la suma de sus luces debería entonces formar un tapiz luminoso, brillante tanto de día como de noche. Sea cual fuere la dirección hacia la que mirásemos, tendríamos que encontrar luz. Ahora bien, todo mundo puede darse cuenta de que la noche es negra. Por lo tanto concluyó que el Universo no es infinito.

El enigma de la oscuridad de la noche sólo será resuelto hasta el siglo XX.

Ver lo que nunca se ha visto

La Luna de los cráteres y el Sol de las manchas

En 1609, **el italiano Galileo,** profesor de matemáticas en la universidad de Padua, construyó un "anteojo" para observar el cielo. Entre diciembre y enero de 1610 realizó tal cantidad de descubrimientos, que decidió publicarlos inmediatamente en *El mensajero celeste.*

Galileo Galilei (1564-1642) no es como los sabios de su época. Para él, la experiencia y la observación son fundamentales. Y si no están de acuerdo con las teorías de Aristóteles, tanto peor para Aristóteles...

¿Qué fue lo que vio? Primero, que la Luna no es un globo tan redondo y liso como creía Aristóteles: está cubierta de cráteres como la Tierra. El Sol, por su parte, tiene manchas. Estas dos observaciones probaban que el mundo situado por encima de la Luna no es perfecto.

Después, continuó Galileo, el planeta Júpiter posee cuatro satélites: la Tierra y su satélite la Luna no son, pues, excepciones, lo que era un argumento contra Copérnico. En cuanto al planeta Venus, éste cambia de tamaño como la Luna. La única explicación posible es que también gira alrededor del Sol, que lo ilumina más o menos dependiendo de su posición. Por último, la Vía Láctea, que hasta entonces era considerada sólo como una inmensa estela blanca, resultó estar compuesta de miles de estrellas que, dada su pequeñez, sólo pueden hallarse a una gran distancia.

Así, Galileo puso fin al Universo dividido en dos que imaginó Pitágoras. El Universo tiene el mismo aspecto por debajo y por encima de la Luna: ya está reunificado. Y tampoco es mesurable, afirmó Galileo prudentemente.

El anteojo de Galileo

Galileo haciendo la demostración de su anteojo en Venecia, grabado a color del siglo XIX.

Un tubo de aproximadamente 4 cm. de diámetro con dos trozos de vidrio en el interior: éste fue el instrumento con el cual Galileo destruyó para siempre un Universo que tenía más de dos mil años de antigüedad. A alguien tuvo que ocurrírsele dirigir este instrumento hacia el cielo para ver objetos invisibles a simple vista.

Los primeros anteojos venían de Holanda. En cuanto Galileo tuvo uno entre las manos, en la primavera de 1609, intentó perfeccionarlo. En menos de un año, pasó de un lente que aumentaba el tamaño ocho veces a uno que lo hacía treinta. En agosto de 1609, invitó a los principales dignatarios de Venecia a lo alto de la basílica de San Marcos: con su anteojo lograron divisar algunos barcos que se encontraban todavía a dos horas de distancia del puerto. Para Galileo significó el triunfo y los honores, pero no por mucho tiempo... Menos de un año más tarde, cuando Galileo notificó lo que había visto al mirar ya no la tierra sino el cielo, muchos de sus contemporáneos empezaron a abrigar algunas dudas respecto a la validez de sus observaciones. Como sus observaciones no coincidían con su visión del mundo, pusieron en entredicho la técnica y no sus propias ideas: ¿se trataba de la realidad lo que se observaba al otro extremo de ese tubo? Prefirieron pensar que no.

La Inquisición ataca de nuevo

Con los descubrimientos de Galileo ya no fue posible considerar el sistema de Copérnico como una hipótesis matemática. La observación confirmó la teoría. La Iglesia advirtió el peligro que representaba ver a la Tierra desalojada del centro del Universo.

Por prudencia, Galileo no afirmó directamente que la Tierra giraba alrededor del Sol. Pero todo su libro confirmaba que estaba de acuerdo con esa idea. Y, como ya se dijo, para la Iglesia católica esto significaba que el hombre había dejado de tener una posición central en la creación divina. ¡Esto podría poner en entredicho la idea de Dios como creador del mundo!

En 1616, juzgando que la amenaza era demasiado grande, la Iglesia atacó: Galileo fue convocado por el tribunal de la Inquisición. ¿Quién lo recibió? Ni más ni menos que el cardenal Belarmino, un hombre con experiencia, pues era el mismo que había condenado a Giordano Bruno. La Inquisición declaró "idiota, absurda, formal y filosóficamente herética" la idea de que el Sol pudiera ser el centro del mundo; prohibió el libro de Copérnico e impidió a Galileo que siguiera enseñando su doctrina.

¡Y sin embargo se mueve!

En 1623 hubo cambio de papa. Y para gran sorpresa de Galileo el nuevo papa, Urbano VIII, parecía ser mucho más abierto al progreso de las ciencias. Incluso le pidió que escribiera un segundo libro. Sintiéndose libre nuevamente, Galileo publicó el *Diálogo sobre los dos gran-*

des sistemas del mundo, donde puso en entredicho el geocentrismo otra vez.

¡Grave error! El papa, rodeado de enemigos y acusado de favorecer la propagación de ideas nuevas, cambió de opinión: para recobrar su autoridad, en 1633 ordenó el proceso de Galileo. Por no haber tomado en cuenta las advertencias de 1616, Galileo fue condenado a abandonar todas sus teorías.

Efecto perverso del proceso: como atañe a un científico conocido en toda Europa, ayuda a difundir la idea de que es la Tierra la que gira alrededor del Sol y no lo contrario.

Durante **su proceso**, Galileo tuvo que renunciar de rodillas a la idea de que la Tierra gira. Al levantarse, no pronunció la frase que se le atribuye generalmente: *E pur si muove!* ("¡Y sin embargo se mueve!"). Decirlo le habría costado la vida. Pero es muy probable que lo pensara con todas sus fuerzas

¡Juro decir toda la verdad que a usted le plazca!

Galileo, padre de la física moderna

Galileo fue un gran matemático. Se le considera el padre de la física moderna. Pero la Iglesia, que identificó el peligro que este hombre representaba al observar el cielo, no se dio cuenta de que al construir las bases de la física moderna enviaba también a la tumba al antiguo Universo.

Galileo fue el primero en entender que, para estudiar un fenómeno, es necesario hacer abstracción de los fenómenos parásitos que perturban la experiencia y falsean la conclusión: por eso, con él inició la física su camino experimental.

De esa manera, sin considerar las fuerzas de frotamiento, formuló la Ley de la caída de los cuerpos y el Principio de inercia. Basado en esta ley y en este principio fue como Newton terminó de reunificar el Universo que habían dividido los griegos.

En Francia, Descartes piensa que el espacio es agitado por remolinos que provocan los movimientos de los astros. Aun cuando su teoría es falsa, Descartes es el primero en someter el espacio mismo y en su totalidad a las leyes de la física.

Manzanas y planetas experimentan la misma atracción

Gracias a Kepler, Copérnico y Galileo al fin fue posible conocer la descripción del movimiento de los planetas. Pero describir un movimiento era una cosa, y explicar por qué se producía de una determinada forma era otra muy distinta. **Esta explicación siempre es necesaria**.

Se cuenta que fue al momento de ver caer una manzana de un árbol cuando el inglés Newton encontró la clave de esta explicación. Pero a mediados de la década de 1660, en la

época en que esta famosa manzana cayó, no se trataba más que de una intuición. Newton tardó más de veinte años traducirla en ecuaciones matemáticas.

En 1687 finalmente publicó los *Principios matemáticos de la filosofía natural* y formuló la ley de la Gravitación* Universal. Esta ley explica el movimiento de los cuerpos por la atracción que se ejerce entre ellos.

La fuerza de esta atracción varía según dos criterios. Cuanto más grande sea la masa de un cuerpo, la atracción que ejerza sobre otro cuerpo será mayor. Cuanto más alejados se encuentren unos de otros, menos se atraerán los cuerpos entre sí.

Y esto es tan válido para la manzana que cae al suelo como para **el planeta que gira** alrededor del Sol. Ambos son atraídos por una masa, la Tierra en el caso de la manzana, el Sol en el caso del planeta. Los cuerpos terrestres y los cuerpos celestes están sometidos a las mismas leyes: es el coronamiento final del Universo reunificado.

¿Por qué el planeta no cae como la manzana? En realidad, cae indefinidamente hacia el Sol, pero su velocidad inicial es lo bastante elevada para mantenerla en órbita. Si una manzana fuera propulsada a salir de la Tierra a una velocidad aproximada de 7.5 km/s, también ella se mantendría en órbita.

El Universo se llena de atracciones

Newton tiene todavía necesidad de Dios

Gracias a Newton ahora sabemos que los movimientos de los cuerpos se efectúan según las leyes de la atracción. Pero Newton no tenía ninguna idea del origen de tal atracción. La fuerza que atrae a los cuerpos entre sí en el vacío era un misterio para él.

Issac Newton (1642-1727) no creyó nunca, con toda razón, que la fuerza de atracción pudiera explicarse por un poder interno a la materia. Los planetas no se atraen entre sí como pueden hacerlo los imanes. Paciencia, será Einstein el que encontrará la explicación.

Tal fuerza no podía provenir de los mismos cuerpos, pues **la materia no actúa a distancia**. El físico inglés no tuvo más remedio que recurrir a Dios, que funcionaría como origen de esa fuerza.

¿Cómo explicar que todos los astros no estuvieran aglutinados unos contra otros en algún rincón del Universo? Sería lógico, puesto que todos se atraen mutuamente. El hecho es que sus movimientos, perfectamente ajustados para mantenerse en el equilibrio actual, son perfectamente estables. Una vez más, sólo Dios podía ser el garante de esta estabilidad absoluta.

Así, en el Universo de Newton Dios ordenó a los astros para que se atrajeran mutuamente sin tener que aglutinarse al mismo tiempo: un auténtico ejercicio de equilibrista.

Al atribuir a Dios este doble papel, Newton se protegió de aquellos que lo acusaban de ateísmo. Las ideas han progresado desde Galileo, y Newton no vivía en un país en el que la Iglesia católica romana persiguiera a los científicos. Pero la total ausencia de Dios en el Universo aún no era aceptada.

El telescopio de Newton

A principios de la década de 1670, Newton concibió el primer telescopio de reflexión. Este nuevo instrumento permitía obtener imágenes aumentadas treinta y ocho veces. El telescopio fue construido según un procedimiento diferente al del anteojo: no concentraba la luz mediante la utilización de un lente, sino que reflejaba los rayos luminosos gracias a un espejo. El primer inconveniente de los anteojos era su tamaño, pues para lograr un mayor aumento era preciso incrementar la distancia entre los dos lentes. En los años de 1650 a 1670, dichos instrumentos llegaron a medir hasta cincuenta metros por lo que se volvieron muy difíciles de manejar.

El telescopio permitía obtener un aumento superior sin necesidad de una instalación gigantesca y sin problemas de deformación de la imagen. Es por esta razón que hoy en día ya sólo hay telescopios.

Isaac Newton

El telescopio de Newton (derecha) es más pequeño que el anteojo de Galileo (izquierda), pero aumenta más las imágenes.

El triunfo de las atracciones

Durante los siguientes dos siglos, las leyes de Newton pasaron todas las pruebas de validación. En 1759, el cometa Halley volvió a aparecer en el cielo en la fecha prevista por el astrónomo inglés Edmund Halley, quien utilizó las leyes de la atracción para hacer sus cálculos. Un siglo más tarde, en 1846, Newton obtuvo un nuevo triunfo: Neptuno fue descubierto. Invisible a simple vista, el planeta fue detectado a partir de las perturbaciones de trayectoria de Urano. Las leyes de Newton indicaron que sólo la presencia de otro planeta podía explicar las desviaciones de Urano, debido a su fuerza de atracción.

Por último, en 1727 llega al fin la prueba definitiva de que la Tierra gira alrededor del Sol. El inglés James Bradley observa un fenómeno llamado "aberración de la luz" que sólo puede explicarse por la combinación de la **velocidad de la luz** y del movimiento de la Tierra.

La autosatisfacción producida por todos estos descubrimientos provocó entonces cierta relajación... Casi se llegó a pensar que el Universo había revelado ya todos sus secretos.

En 1676, el danés Römer descubrió, mientras observaba las irregularidades en las revoluciones de un satélite de Júpiter, que la velocidad de la luz es finita: de modo que la luz no se propaga instantáneamente, como entonces se creía.

¿Existen otras galaxias?

Sin embargo, los astrónomos prosiguieron con sus observaciones. En la década de 1780, el inglés William Herschel fabricó un telescopio. Éste resultó gigante para la época con sus 13 metros de longitud y 1.20 de abertura. Herschel fue el primer astrónomo en interesarse verdaderamente en las estrellas lejanas y no únicamente en los planetas más próximos a la Tierra. Identificó a Urano en 1781, lo que dobló las dimensiones del Sistema Solar.

El astrónomo inglés consideraba que habría aproximadamente dos mil quinientos conjuntos de estrellas a los que llamó "nebulosas" y a las que no se conocía muy bien. ¿Estas nebulosas se situaban fuera de nuestra galaxia? Nació el interés por saber si todas las estrellas visibles realmente pertenecían a la Vía Láctea, o si constituían otras galaxias, o "universos islas", como se les llamaba entonces. Esta pregunta todavía no estaba cerca de hallar una respuesta y habría de alimentar los debates hasta el primer cuarto del siglo XX.

Un Universo dispuesto a prescindir de Dios

Los científicos empezaron a preguntarse con respecto a la formación del Sistema Solar. En 1749, el francés Georges-Louis Buffon afirmó que la Tierra habría nacido de la caída de un cometa en el Sol.

Obviamente esta hipótesis no complació a la Iglesia, para quien Dios era el único creador de la Tierra, y la teoría de Buffon fue declarada no conforme con las Escrituras. Pero las prohibiciones de la Iglesia ya no inspiraban el mismo temor que en tiempos de Galileo. A mediados del siglo XVII la creación de academias científicas en toda Europa hizo posible que los sabios trabajaran a salvo de la Inquisición, excepto en Italia, donde **el proceso de Galileo dejó huellas perdurables**.

En 1744, Benito XIV, conocido como el "Papa de los sabios", suprime la interdicción concerniente al segundo libro de Galileo. Sin embargo, la Iglesia advierte que el movimiento de la Tierra debe seguir siendo considerado como una hipótesis...

Al finalizar el siglo XVIII, el astrónomo y matemático Pierre-Simon Laplace publicó un libro en el que intentaba explicar el nacimiento del Sistema Solar a partir de una nube de gas en rotación. Un tanto sorprendido, Napoleón le hizo notar que no mencionaba a Dios en ninguna parte. "Señor —respondió Laplace—, no tuve necesidad de esa hipótesis."

¡Entreganos tu globo!

¡Sigue siendo de noche durante la noche!

Para Newton, el Universo era infinito. Su explicación: al disponer de un alcance sin límites, las fuerzas de atracción sólo pueden ejercerse en un Universo sin límites. Y sin embargo, ¡seguía siendo de noche durante la noche! La paradoja de la noche negra enunciada por Kepler al inicio del siglo XVII (p. 21) seguía sin ser resuelta.

En 1823, el alemán Olbers vuelve a lo mismo: si el número de estrellas fuera infinito realmente, incluso durante la noche "todo el cielo debería ser tan brillante como el Sol". Se multiplicaron las tentativas de explicación: ¡todas falsas! Sin embargo, en 1848 el escritor norteamericano

Edgar Allan Poe propuso una respuesta. Poe sabía que la luz viaja a una velocidad finita, como lo probó Römer al finalizar el siglo XVII. De ello dedujo que, más allá de una cierta distancia, la luz enviada por las estrellas simplemente no había tenido tiempo de llegar hasta nosotros. Esta explicación sólo era válida en caso de que el Universo no hubiera existido siempre. Y eso es precisamente lo que Poe afirmó antes que nadie: el Universo tuvo un principio y las estrellas no han estado ahí desde la eternidad. Esta propuesta permaneció totalmente ignorada, porque los científicos no leen a los poetas.

Si el Universo no es infinito, entonces tiene límites. Pero, ¿qué hay del otro lado de esos límites? La finitud del Universo plantea igualmente problemas...

El Universo inmovilizado

Newton había pedido ayuda a Dios para explicar el misterio de las fuerzas de atracción. Al iniciarse el siglo XX, el problema permanecía íntegro. Y, de pronto... desapareció. Esta desaparición se produjo en 1915, cuando **el físico alemán Albert Einstein** formuló su teoría de la Relatividad General. ¿Había resuelto Einstein al fin el misterio de las fuerzas de atracción? En absoluto: lo eliminó. Ya no había más fuerzas. Einstein las remplazó por una deformación del espacio (ver página siguiente).

Albert Einstein (1879-1955) es indudablemente el inventor de la cosmología moderna: con él, ya no se trata de hablar de tal o tal región del espacio, sino de describir el Universo en su totalidad mediante las leyes de la física.

En 1919 esta teoría fue verificada durante un eclipse solar: se percibió el resplandor de las estrellas colocadas detrás del astro rey. No se trataba de un milagro: las partículas de luz que emitían estas estrellas fueron desviadas de su trayectoria por la masa solar. Einstein se volvió célebre en el mundo entero inmediatamente.

Según su teoría, el espacio es curvado por la materia: se asemeja a una especie de tejido elástico acentuado por huecos alrededor de cada cuerpo celeste. Pero sólo se trata de curvaturas localizadas, que afectan al espacio en ciertos lugares.

¿Por qué no aplicar este principio de la deformación del espacio al Universo entero? Esto permitiría determinar su forma global. Sin ver al Universo en su totalidad, por lo menos sería posible decir a qué se parece. Einstein dio ese paso en 1917.

La materia deforma el espacio

Para entender esta deformación, habría que imaginar el espacio como una tela elástica extendida en un marco. Si la Tierra fuera una bola en medio de ese marco, alrededor de ella se formaría un hueco: su masa (como la de todo cuerpo celeste) deformaría la tela del espacio. Los objetos que se aproximaran al lugar donde la tela se inclina se deslizarían hacia la Tierra, un poco como en un tobogán. No serían atraídos por una fuerza proveniente de la Tierra sino que su trayectoria sería desviada por el hueco que ésta formase. Toda la zona curvada alrededor de la Tierra se llama campo de gravedad y el fenómeno que empuja a todos los cuerpos que tienen menor masa que la Tierra a deslizarse hacia ella se llama gravitación. Pero pongamos atención al dibujo aquí enseguida: no se trata más que de una aproximación, debido a que en lo sucesivo se está en un terreno donde resulta imposible imaginarse las cosas tal como son. Habrá que conformarse con entender sin disponer de una imagen exacta.

El espacio es curvado por la materia. Si el astro pasa demasiado cerca del grande, quedará prisionero del campo de gravedad del grande y girará en órbita alrededor de él. En la ilustración solamente se modificó su trayectoria.

El Universo de Einstein no se queda quieto

Einstein aplicó de ese modo el principio de la deformación del espacio al Universo entero. Pero le esperaba una desagradable noticia. El Universo que surgió de sus ecuaciones no era inmóvil. **Las distancias entre dos puntos varían con el tiempo**: ora se acercaban, ora se alejaban. Ora el Universo se contraía, ora se expandía.

Por razones teóricas, el gran físico no aceptó esta acción del tiempo sobre el espacio a escala del Universo entero. Pensaba que sólo un Universo inmóvil y finito era posible. Además nadie, desde Aristóteles, había considerado un Universo en movimiento. De todas maneras, ninguna observación de los astrónomos había comprobado que "eso" se moviera.

El ardid que inmoviliza al Universo

¿Un Universo que se expande? En la década de 1920, ninguna fuerza conocida en el Universo era capaz de explicar tal escenario y Einstein lo eliminó sin preámbulos.

Un Universo que se contrajera resultaba mucho más verosímil. Existía algo que pudiera provocar semejante contracción del espacio: la gravitación. Al atraerse mutuamente hacia su campo de gravitación, todos los cuerpos terminarían por contraer el espacio.

Einstein deseaba impedir a toda costa que sus ecuaciones desembocaran en este resultado. Entonces añadió a sus cálculos una energía contraria a la gravitación, que hacía que los cuerpos celestes se alejaran unos de otros (en lugar de atraerse) y por consiguiente que extendieran el espacio con ellos.

Esta fuerza no correspondía a ningún fenómeno físico conocido en ese entonces. Pero la suerte estaba echada y el Universo se mantenía en su espléndida inmovilidad.

El Universo que emergió de los cálculos no era plano: tenía la forma de una gigantesca esfera de cuatro dimensiones, las tres dimensiones del espacio que conocemos (altura, ancho y longitud), además del tiempo (cuyos efectos inmovilizó Einstein). Esta hiper esfera era finita pero al mismo tiempo sin límites y... **muy difícil de visualizar.**

Es posible lograrlo si se piensa en la superficie de la Tierra. En la Tierra, puedo caminar sin detenerme nunca: en ese sentido, carece de límites. Sin embargo, es realmente finita, puesto que puedo darle la vuelta.

Hooker, el primero de los gigantes

Hacia 1920 el telescopio Hooker inició su carrera. Situado en el monte Wilson, en California (Estados Unidos), fue el primer telescopio gigante de la historia de la astronomía (2.50 m. de diámetro). Las imágenes que proporcionó habrían de provocar muy pronto una revolución comparable a la de Copérnico.

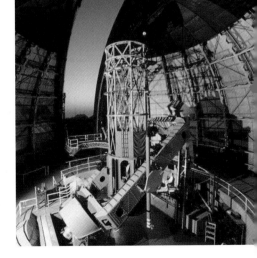

Telescopio Hooker en Mount Vernon, California.

Las galaxias en desbandada

¿El ardid de Einstein durará mucho tiempo?. La respuesta llegaría del cielo. En 1924, el astrónomo norteamericano Edwin Hubble, que oteaba los astros con el telescopio Hooker, puso fin a un debate que ya duraba ciento cincuenta años al no dudar de la existencia de galaxias fuera de la Vía Láctea. Hubble lo demostró al comparar la luminosidad de las estrellas de nuestra galaxia con la de estrellas muy lejanas, abriendo así las puertas de la inmensidad, y quizá del infinito.

En 1929, las imágenes obtenidas gracias a Hooker permitirán que Hubble y su equipo entreguen una segunda información tan asombrosa como incomprensible: esas galaxias se alejan de nosotros.

Desde 1922, el físico ruso Alexandre Friedmann aplicó a su vez la relatividad general al Universo, pero sin los prejuicios de Einstein. Su conclusión: en ningún caso el Universo puede estar inmóvil. Respuesta de Einstein: Friedmann hizo un error de cálculo.

Imaginemos que las galaxias son puntos sobre un balón que se infla: es claro que las galaxias se alejan unas de otras sin que ellas mismas se desplacen. Se mueven con el espacio y no en el espacio.

El Universo en expansión

Y cuanto más lejos se encontraran las galaxias, mayor sería su velocidad de fuga. Hubble cifró la proporción entre distancia y velocidad. Esta es **la Ley de Hubble**.

Nadie sabía interpretar esta observación de la fuga de las galaxias.

¿Nadie? No exactamente. El físico belga Georges Lemaître. En 1927, o sea dos años antes, había publicado un artículo revolucionario. Primero, de manera teórica, ¡preveía el futuro descubrimiento de Hubble relativo a la fuga de las galaxias! Después, ofrecía la primera interpretación correcta de esta fuga: el Universo está en expansión. Las galaxias parecen alejarse, pero en realidad no se mueven. No se desplazan a través del espacio, se desplazan con él. El Universo se hincha, se expande y arrastra consigo a todos los cuerpos celestes.

Y si las galaxias más lejanas parecen alejarse con mayor rapidez, esto no se debe más que a una ilusión, debida al hecho de que observamos este fenómeno estando nosotros mismos atrapados en el movimiento.

Pero este mismo año de 1927, Einstein le había comentado a Lemaître que, desde un punto de vista físico, su teoría de la expansión era "absolutamente abominable". Las ideas de Lemaître, como las de Friedman, fueron rápidamente eliminadas.

¡La expansión del Universo parecía algo "absolutamente abominable"! Y sin embargo...

En ese entonces (1924) se cree que esta ley permite calcular la edad del Universo. Pero las evaluaciones son incompletas y poco precisas, lo que da como resultado un Universo demasiado joven. Actualmente, tomando en cuenta otros parámetros, se calcula esta edad en 14 000 millones de años.

¡Y sin embargo se mueve!

Retroceder la película

En 1930, mientras los científicos se arrancaban los cabellos tratando de comprender por qué las galaxias se alejan, Lemaître se atrevió a señalarles que él había propuesto una respuesta tres años atrás.

Al fin **la expansión del Universo** hizo su entrada en la comunidad científica internacional como la explicación más plausible de la fuga de las galaxias. Incluso Einstein terminó por aceptarla.

Mientras tanto, Lemaître había dado otro paso por su lado. Si las galaxias se alejan, afirmó, es porque antes se encontraban más cerca. Proyectó la película al revés y postuló la hipótesis de que hace "mucho tiempo" la totalidad de la materia de todas las galaxias estaba concentrada en un punto. A este punto Lemaître lo llamó "el átomo primitivo".

¿En qué se infla? En nada, puesto que no hay espacio fuera de él. En el Universo, no hay interior ni exterior. ¿Dónde se inició la dilatación? En ninguna parte, pues tampoco existen centro ni orilla. Estas dos preguntas son tan frecuentes que sus respuestas son frustrantes.

¿Qué le sucedía a este átomo en el que la densidad de la materia y la presión eran casi infinitas? Estaba obligado a desintegrarse. El Universo, tal como lo conocemos en la actualidad, surgió de esta desintegración. Y este comienzo del espacio fue también el comienzo del tiempo. Lemaître, un científico prácticamente desconocido por el gran público, fue el padre de la teoría del Big Bang.

Fue también el primero en asociar la estructura del Universo a la de los átomos, el primero en asociar la física de lo infinitamente grande a la de lo infinitamente pequeño (la futura mecánica cuántica). Fue una vez más algo muy audaz para su época.

Nacimiento y desaparición del Big Bang

Para los científicos de la época fue una conmoción. Apenas acababan de asimilar la idea de que el Universo no es inmóvil, ¡y ahora tenían que admitir que no siempre existió! Nadie deseaba creerlo. Lemaître, que acababa de tener una segunda intuición genial, fue obligado a regresar a sus cálculos por segunda ocasión.

Sus adversarios lo atacaron personalmente, pues hay un detalle del que aún no se ha hablado: Lemaître era sacerdote. Y su teoría le recordaba a algunos la historia de la Creación del mundo narrada en la Biblia. Así, se le acusó de querer introducir de nuevo a la religión en la cosmología. Einstein declaró que esta idea estaba "inspirada por el dogma cristiano de la Creación e injustificada en el plano de la física". ¡Ni más ni menos! Es el tercer juicio erróneo que emitió el padre de la Relatividad general.

Por esta razón, y por otras más teóricas, la teoría del Big Bang, recién nacida, fue enterrada inmediatamente. A finales de la década de 1940, el Big Bang estaba casi olvidado y otra teoría triunfaba: la del **Universo estacionario**.

Estacionario, pues según sus defensores no se mueve. ¿Y qué hacen con la fuga de las galaxias? Desean reconocerla, pero ésta se vería compensada de manera permanente por una creación de materia... de origen desconocido.

Al fin es probado el Big Bang

El Universo estacionario triunfó... salvo en el laboratorio del físico ruso-norteamericano Georges Gamow, quien estaba convencido de la exactitud de la hipótesis de Lemaître. Incluso le añadió un elemento fundamental:

al principio, el Universo estaba también muy caliente y una inmensa radiación luminosa debió escaparse de él. Esta radiación es imperceptible en la actualidad por los telescopios pero, según predijo, puede ser detectada por los **radiotelescopios**.

En la época de esta predicción, en la década de 1950, el Universo estacionario era admitido por casi todos los científicos y casi nadie fue en busca de esta enigmática huella. Así transcurrieron quince años...

En 1965, en el estado norteamericano de Nueva Jersey, dos ingenieros astrónomos, Arno Penzias y Robert Wilson, detectaron por casualidad un extraño ruido en su radiómetro. Se trataba de un ruido proveniente de todas las direcciones del espacio. Intrigados por el suceso, restablecieron todos sus ajustes e incluso limpiaron su antena, pensando que el fenómeno era causado por excrementos de pájaro.

Decidieron finalmente publicar este incomprensible descubrimiento en una revista científica. La noticia le dio inmediatamente la vuelta al mundo: Penzias y Wilson acababan de descubrir, sin saberlo, la famosa huella de la que había hablado el equipo de Gamow y que después fue llamada la "radiación fósil".

Lemaître se enteró de ello un poco antes de morir. Einstein, por su parte, había muerto diez años atrás. En unos cuantos meses la teoría del Big Bang renació de sus cenizas y el Universo estacionario fue enterrado. Desde entonces, esta radiación ha sido registrada varias veces mediante diferentes instrumentos (globos, sondas, satélites).

He aquí por qué la noche es negra

Mientras tanto, al fin se produjo la explicación de la oscuridad nocturna. ¡Incluso dos! La primera es que el Universo, tal y como lo conocemos, no siempre ha existido. Las estrellas no brillan desde la eternidad, y como la velocidad de la luz es finita su radiación no ha tenido tiempo de llegar hasta nosotros. Poe tenía razón.

La segunda es que el Universo se encuentra en expansión. Las estrellas no dejan de desplazarse, cada vez más lejos, cada vez más rápido. Su fuerza luminosa es cada vez menos intensa y, por lo mismo, cada vez menos visible.

¿Y la **finitud del Universo,** que para Kepler era un argumento decisivo para explicar la oscuridad de la noche? No había ninguna certeza a ese respecto, como vamos a ver.

Cuando al fin se entiende por qué la noche es oscura, aún no se sabe si el Universo es finito o infinito, problema que se encuentra sin embargo en la base de esta paradoja.

Radiación, quásares y hoyos negros

Durante la década de 1960, el Universo adquirió poco a poco otro rostro. Entre la radiación fósil, el descubrimiento de los quásares y la confirmación de que indudablemente existen los hoyos negros, fue el decenio de los grandes descubrimientos.

La radiación fósil: una foto del Universo niño

El Universo emitió la radiación fósil cuando tenía una edad aproximada de 300 000 años, en el momento en que pudo liberar su primera luz (antes, su sustancia era opaca). La radiación conserva una huella de la temperatura que tendría entonces, es decir: 3 000 grados Celsius. Si la comparamos con su temperatura actual, que es únicamente de −270 grados Celsius, obtenemos la prueba de que el Universo se enfría. El hecho de que esta temperatura sea la misma en todas partes es capital: se trata de un rayo proveniente del Universo en su totalidad. Durante mucho tiempo, los cosmólogos esperaron poder detectar al menos pequeñas variaciones de esta temperatura. En el "puré" cósmico inicial, era necesario que se formaran grumos, especies de gérmenes de galaxias alrededor de los cuales la materia circundante acabaría aglomerándose. No fue sino hasta 1992 cuando el satélite COBE registró imágenes de esas primeras fluctuaciones de temperatura previstas por la teoría. Para gran alivio de los cosmólogos, pues sin ellas, la formación de las galaxias sería inexplicable.

Los quásares: idénticos tras 13 mil millones de años de viaje

Fue igualmente durante los años sesenta cuando se identificó de manera segura a los primeros quásares. Los quásares son galaxias muy lejanas que se distinguen por el brillo de su núcleo central. Un quásar cuyo tamaño se acercara al de nuestro Sistema Solar emitiría mil veces más luz que la Vía Láctea.

Los quásares tienen otra particularidad: sólo son localizables en una franja de edad muy bien delimitada del Universo, cuando éste tenía de 1 a 3 mil millones de años. Esta concentración de quásares en un periodo limitado prueba que todos nacieron en la misma época.

Se trata de otra prueba del Big Bang: en un Universo inmóvil, los quásares estarían por todas partes.

La última particularidad de los quásares es que albergan gigantescos hoyos negros.

Los hoyos negros: ¿una vía hacia otros Universos?

Un hoyo negro es un astro cuyo campo de gravedad es tan grande que nada puede escapar de él: incluso los corpúsculos de luz son atrapados en su interior. Se sospechaba de la existencia de los hoyos negros desde fines del siglo XVIII, pero no fue sino hasta finales de la década de 1960 cuando se convirtieron en objeto de estudio para los astrónomos. Esto no significa que se les pueda observar directamente. Existen cantidades de hoyos negros en nuestra galaxia y se sospecha que en el corazón de casi todas se ocultan hoyos negros super masivos.

Los hoyos negros son particularmente fascinantes por su capacidad para atraer y engullir cualquier materia que se aproxime a ellos. Lo que es aspirado desaparece, tal vez para siempre, de nuestro Universo. De ahí la hipótesis

de que podrían existir otros Universos desconectados del nuestro, en los que las leyes de la física no serían las mismas que "entre nosotros".

El descubrimiento de la radiación fósil, fotografiada aquí por la sonda WMAP, fue la primera prueba a favor del Big Bang. Las diferencias de colores corresponden a minúsculas variaciones de temperatura.

Los quásares son galaxias muy lejanas concentradas en una franja precisa de edad del Universo.

Las caras ocultas del Universo

Dilatación contra contracción

Pero no es sólo la gravitación la que se encuentra atareada contrayendo el espacio en el Universo. También hay que contar con la fuerza de expansión.

Fuerza de contracción debida a la presencia de materia, contra fuerza de expansión: ¿cuál de las dos vencerá? Para responder a esta pregunta, tendríamos que saber más cosas sobre la materia. Necesitamos **saber si está bien repartida en todo el Universo** y si existe mucha o no (los habitantes de un país pueden estar muy bien repartidos en el territorio pero ser muy pocos). Es muy importante conocer esta cantidad: mientras más materia haya, la tendencia del Universo a contraerse será mayor.

La respuesta es sí: a mediana escala, existen espacios galácticos inmensos. Pero a muy gran escala, es decir, en el plano de los super conjuntos de galaxias, la repartición de la materia es bastante uniforme.

La materia juega a esconderse

En la década de 1930 se pensaba que la materia presente en el Universo abarcaba sólo a los astros visibles. Es decir, lo que se veía representa un 100% de lo que existía. Cuarenta años más tarde, mientras se estaba realizando el cálculo de la masa de todas las estrellas visibles de una galaxia, se descubrió que las estrellas giran mucho más rápido de lo que deberían.

La única explicación es que existe materia invisible que atrae a los cuerpos celestes hacia su campo de gravedad y acelera su velocidad de rotación. Esta "materia negra" que se manifiesta ante nosotros de manera indirecta nos reservaba además otra sorpresa. Hechos los cálculos, se llegó a la conclusión de que ésta totaliza el 95% de toda la materia del Universo. Dicho de otra forma, lo que vemos representa apenas el 5% de lo que existe.

En la actualidad, encontrar **la naturaleza de la materia negra** es uno de los rompecabezas de la cosmología. Aún no se ha hallado una sola respuesta global.

Se trataba particularmente de los hoyos negros, de estrellas cuya masa no es lo suficientemente grande para ser luminosas, nubes interestelares de gas formadas de hidrógeno frío, etc.

PROTCH!

Surge una nueva energía

Pero poco importa que la materia sea casi enteramente invisible, pues ahora se conoce su cantidad en el Universo.

En la década de 1980, se comparó su poder de contracción con la fuerza de expansión. Se obtuvo un modelo de Universo infinito y en expansión perpetua. A la larga, la fuerza de expansión superó a la de contracción.

De acuerdo. Pero en esta época los científicos añadieron un detalle fundamental: pensaban que esta expansión debía haber desacelerado a través de los milenios.

Para verificar esta hipótesis de la desaceleración, decidieron medir la distancia que existe entre galaxias lejanas. Los primeros resultados aparecieron en 1996. Sorpresa: las galaxias no están menos alejadas unas de otras, como se creía, sino más. Esto quiere decir que la expansión del Universo se ha acelerado.

Los cosmólogos deshicieron y rehicieron sus cálculos, verificaron sus parámetros. Éstos eran correctos. Tuvieron que rendirse a la evidencia: había algo que resultaba incomprensible. Ese "algo" fue bautizado *energía oscura*. Todo debió ser sometido nuevamente a revisión.

Para muchos, el descubrimiento de la energía oscura **no fue una sorpresa** en realidad. La observación de la fuga acelerada de las galaxias en la década de 1990 no era sino la confirmación de lo que Lemaître había previsto ya en teoría. Una vez más, el físico belga había acertado.

Recordemos que, para mantener la estabilidad del Universo, Einstein había introducido una energía repelente, que obligaba a los astros a alejarse unos de otros. Poco después y por complejas razones teóricas sin relación alguna con la estabilidad del Universo, Lemaître había vuelto a introducir esta energía repelente en las ecuaciones.

¿De dónde viene la energía oscura?

Si alguien tiene la respuesta es seguro que recibirá el premio Nobel de física, pues el origen de la energía oscura es el mayor enigma de la cosmogonía actual. Cuando se hicieron los cálculos para determinar qué parte de la sustancia total del Universo representaría, se llegó a un resultado sorprendente: un 73% (de modo que sólo resta un 27% para la materia, y de ese 27% de materia, más del 95% permanece invisible para nosotros).

No pasa una semana sin que aparezca un artículo en alguna importante revista científica que proponga una nueva explicación. Pero ninguna explicación aclara mucho y la situación sigue siendo bastante confusa. No obstante, los cosmólogos parecen inclinarse por dos posibilidades.

La energía del vacío

El vacío no es la nada (es decir, la ausencia de todo). El vacío está agitado por una efervescencia de partículas que chocan entre sí y se destruyen mutuamente. Estas interacciones provocarían una presión gigantesca en su entorno y explicarían la energía oscura. Desafortunadamente, cuando se introduce este nuevo componente a la ecuación, se vuelve imposible dar una explicación respecto a cómo pudieron formarse las galaxias.

La quintaesencia

La quintaesencia no corresponde a algo muy claro. Sería aquello que queda en el Universo cuando se ha quitado toda la materia y toda la radiación. Se llega entonces nuevamente a una cierta forma de vacío, un poco como un gas que saturara todo el espacio y ejerciera una acción repelente en todos sus puntos.

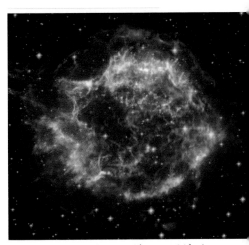

Supernova cuya observación permitió el descubrimiento de la energía oscura.

¿Soledad o gran desgarramiento?

Es así como nos hallamos frente a un nuevo protagonista: la energía colosal cuyo origen no se conoce pero de la que es posible evaluar los efectos **a muy gran escala**. ¿Cuál es la ganancia?

La lucha entre el poder de contracción y la fuerza de expansión de la materia es aún más desigual: nuestro Universo se encuentra en expansión no solamente perpetua sino acelerada.

La energía oscura no es activa en una menor escala: las galaxias que pertenecen al mismo conjunto se acercan e incluso entran en colisión. En este plano, la gravitación es suficiente para resistirle.

Además, la cantidad y la repartición de la materia, cotejadas con esta expansión, daría al Universo la forma de una hiperesfera finita pero sin límites (¡la misma forma descrita por Einstein pero, en aquella época, por razones muy distintas!).

Sin embargo, los parámetros que llevan a optar por esta hiper esfera son muy tenues y algunos cosmólogos prefieren más bien un Universo plano, infinito e igualmente en expansión perpetua.

En cualquier caso, la eternidad parece asegurada. Pero la soledad se asoma en el horizonte: en 100 000 millones de años, a causa de la energía oscura, todas las galaxias se hallarán demasiado alejadas de nosotros para ser observables y las únicas estrellas que brillarán en nuestro cielo serán las de la Vía Láctea. A condición de que la energía oscura no aumente todavía más la cadencia; en cuyo caso, el programa se acorta: en 22 000 millones de años esta energía terminará por dislocar toda la materia y los cosmólogos evocan entonces un gran desgarramiento generalizado.

Lo que nos permitirá saber más

El satélite Planck, concebido por la ESA (Agencia Espacial Europea), que será lanzado en el verano del 2008, tiene como misión estudiar la radiación fósil. Entregará igualmente información relativa a la naturaleza de la materia negra y de la energía oscura, y quizás incluso respecto a la forma del Universo.

Maqueta del proyecto de telescopio terrestre, concebido por el ESO (observatorio europeo en el hemisferio sur). Las dimensiones de este telescopio gigante fueron rebajadas: medirá finalmente unos cuarenta metros de diámetro (inicialmente media 100 metros) y debería estar funcionando en unos diez años.

El NGST (Next Generation Space Telescope) de la NASA, la organización norteamericana para la exploración espacial, será lanzado en el 2013. Reemplazará al telescopio Hubble, en órbita alrededor de la Tierra desde 1990.

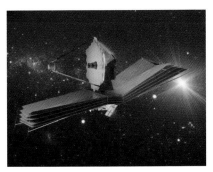

¿Qué sucedió durante cuatro mil años?

De un mundo certero a un Universo en fuga

Después de que los dioses abandonaron el Universo, la humanidad debió dejar a un lado la idea de la existencia de un mundo perfecto, en algún lugar por encima de ella; debió aceptar que el Universo es el mismo en todas partes: las estrellas nacen y mueren como los seres vivos en la Tierra y todos los cuerpos obedecen a las mismas leyes del movimiento.

Sin embargo, quedaba todavía algo estable, eterno, sobre lo que era posible apoyarse: el Universo mismo. Si lo que contenía estaba condenado a la desaparición, al menos el Universo era algo sólido. Pero he aquí que las ecuaciones de Einstein asestaron el golpe final: el Universo también se mueve. En uno u otro sentido, no se está quieto. Las observaciones confirman que está en expansión y por consiguiente tuvo algún comienzo.

El resultado es que pasamos de un mundo cerrado, certero, creado y gobernado por los dioses, a un Universo probablemente infinito y de todas maneras tan inmenso que las cifras ya no significan nada. Un Universo que arrastraría galaxias en fuga, pletórico de materia negra, de hoyos semejantes a abismos que van quién sabe adónde y de una energía desconocida que acelera su expansión y que podría desgarrar todos los cuerpos celestes si algún día llegara a aumentar, cosa que nadie puede pronosticar.

Al mismo tiempo, se ha tenido que aceptar que la Tierra no es el centro del Sistema Solar, luego que el Sol no está en el centro de nuestra galaxia, y, por último, que el Universo carece de centro.

Siglo VI a.C.: *Tales y Anaximandro proponen los primeros modelos de Universo en el que los dioses están totalmente ausentes.*

Siglo V a.C.: *Pitágoras divide al Universo en dos, pone a la Tierra inmóvil en medio e instaura la ley del círculo.*

Siglo II: *Ptolomeo, a fuerza de astucias, salva al Universo griego.*

1543: *Copérnico pone al Sol en el centro del Universo desplazando a la Tierra.*

1600: *Giordano Bruno es quemado por haber afirmado que el Universo es infinito.*

1609: *Kepler demuestra que las órbitas de los planetas son elípticas y no circulares.*

1610: *Galileo mira por primera vez el cielo con un instrumento óptico y, mediante la observación, destruye los fundamentos del Universo griego.*

1687: *Newton formula la ley de la Gravitación Universal.*

1917: *Einstein aplica la teoría de la Relatividad General al Universo en su totalidad y rechaza la hipótesis de un Universo en movimiento.*

1922: *Friedman prueba que el Universo no puede ser inmóvil.*

1924: *Hubble prueba que existen galaxias exteriores a la nuestra.*

1927: *Lemaître supone la expansión del Universo.*

1929: *Hubble demuestra que las galaxias se alejan.*

1931: *Lemaître formula la Teoría del Big Bang.*

1965: *La radiación fósil vaticinada por Gamow es detectada.*

1998: *Es descubierta la energía oscura, que representa el 73% de la sustancia total del Universo.*

Einstein y Lemaître en 1933. El primero nunca comprendió realmente el genio del segundo.

La ciencia del sueño

Lo más sorprendente es que todas estas etapas fueron superadas al mismo tiempo que era abandonado el testimonio de nuestros sentidos. Cuanto más avanzamos, nuestra experiencia cotidiana se pone más en entredicho. Galileo decía que admiraba a aquellos que habían aceptado que la Tierra gira alrededor del Sol cuando todo daba la impresión de lo contrario. ¡Ahora sabemos que aquello sólo era el principio! A partir de la teoría de la Relatividad General, resulta inútil tratar de forjarse una imagen exacta de las cosas...

Así, incluso si se conociera todo lo relativo al Universo, la totalidad de las fuerzas y de las leyes que lo gobiernan, de todos modos habría que conformarse con llegar a entender a lo que se asemeja y olvidar la esperanza de verlo tal como es. El hecho de que el espacio sea un tejido elástico que se curva con la materia y se dilata con el tiempo está fuera del alcance de nuestro poder de representación. Pero soñar no cuesta nada.

LIBROS

Para niños:

Heather Couper, Nigel Henbest, *La enciclopedia del espacio*, Espasa-Calpe, 2003
Robin Kerrod, *Las estrellas y los planetas*, Guías Fontalba, 1979
Kristen Lippincott, *L'astronomie*, Les Yeux de la Découverte, Gallimard Jeunesse, 2004
Carole Stott, *La conquête de l'espace*, Les Yeux de la Découverte, Gallimard Jeunesse, 2003
Carole Stott, Clint Twist, Espacio, Molino, 1995
Jean-Phillippe Uzan, *La gravitation ou pourquoi tout tombe*, Le Pommier, 2005
Olivier de Gorsac, *La conquista espacial explicada a los niños*, Oceano, México, 2006.

Para profundizar en el tema:

Jean-Pierre Luminet, *L'Univers chiffonné*, Folio Essais, Gallimard, 2005
Jean-Pierre Luminet, *L'invention du Big Bang*, Points Sciencs, Le Seuil, 2004
Jean-Pierre Luminet, Marc Lachièze-Rey, *De l'infini... Mystères et limites de l'Univers*, Dunod 2005
Jean-Pierre Luminet, *Le destin de l'Univers*, Fayard, 2006
Jean-Pierre Luminet, *El enigma de Copérnico*, Ediciones B, 2007
Jean-Michel Alimi, *Pourquoi la nuit est-elle noire*, Le Pommier, 2002
Françoise Balibar, *Einstein el gozo de pensar*, Ediciones B, 1999
Jean-Pierre Maury, Galileo, *el mensajero de los astros*, Grupo Zeta, 2001
Jean-Pierre Maury, *Newton et la mécanique céleste*, Découvertes Gallimard, 2005
Jean-Pierre Maury, Comment la Terre devint ronde, Découvertes Gallimard, 2005
Arkan Simaan, Joëlle Fontaine, L'image du monde des babyloniens, Adapt. Eds., 1998
Arkan Simaan, L'image du monde depuis Newton, Vuibert, 2005

SITIOS DE INTERNET

gallimard-jeunesse.fr/enciclopedia/search
Enciclopedia Gallimard Jeunesse, palabra clave "Universo"

futura-sciences.com/comprendre/d/univers.php
La actualidad del Universo

coll-ferry-montlucon.planet-allier.com/plansite.htm
Los grandes científicos griegos y árabes, "Proyectos Sócrates-Comenius"
cnrs.fr/cw/dossier/dosbig/
Dossier sobre el Big Bang por la CNRS

cite-sciences.fr/francais/indexFLASH.htm
Sitio de la ciudad de las ciencias

planete-sciences.org/astro/joomla/

etoile-des-enfants.ch/tiroirs/index.html

¹N. del E. Hemos mantenido la bibliografía original de la obra. En los casos en los que hay traducción española usamos esa versión y no la mencionada en el original.

CRÉDITOS

El conocimiento es una aventura
Dirección editorial:
Thomas Dartige
Dirección artística:
Élisabeth C ohat

Cómo descubrió el hombre a qué se parece el Universo
Diseño: **Fleur Lauga**
Infografía: **Laurent Hindryckx**
Edición: **Françoise Favez**
Iconografía: **Natalie Lasserre**
Corrección: **Isabel Haffen**

En la misma colección:

Cómo descubrió el hombre de dónde vienen los bebés

Cómo descubrió el hombre que el simio es primo suyo